DEVENIR POESÍA
Número 335
Colección dirigida por Juan Pastor

JACQUES ANCET

Y LOS PÁJAROS

TRADUCIDO POR
JOSÉ MARTÍN ARANCIBIA

POESÍA
Devenir
Madrid, 2024

Primera edición, septiembre de 2024

Diseño: José Ramón Ballesteros de Diego

Título original:
Et les oiseaux
© Editorial Voix d'encre
© Jacques Ancet
© De la presente edición:
Fundación Devenir. Poesía y Ensayo
Apartado de correos número 5
28991 Torrejón de la Calzada (Madrid)
Teléfono: 918 169 210
Dirección de correo electrónico: pastorj@telefonica.net
Página web: www.devenir.es

ISBN: 978-84-18993-30-5
DEPÓSITO LEGAL: M-23227-2024

Impreso en Imprenta Kadmos
Salamanca
IMPRESO EN ESPAÑA - PRINTED IN SPAIN

Soyez tranquille, je travaille pour les oiseaux.
COROT

«No os preocupéis, trabajo para los pájaros»
COROT

ET LES OISEAUX

Y LOS PÁJAROS

L. et les oiseaux — On voit ses mains dans la lumière au milieu des ailes. Sa tête levée vers le ciel. Va-t-elle s'envoler, elle aussi ?

La vitre et les oiseaux — Les navettes de haut en bas. Les fils tissés. Ils tournent dans le poudroiement sans fin.

Le crépuscule et les oiseaux — On voit à peine. Le bleu s'assombrit. Un cri roule comme une perle.

L. y los pájaros — Se ven sus manos en la luz en medio de las alas. Su cabeza alzada hacia el cielo. ¿Ella también va a echarse a volar?

El cristal y los pájaros — Las lanzaderas de arriba abajo. Los hilados. Giran en la polvareda interminable.

El crepúsculo y los pájaros — Apenas se ve. Se oscurece el azul. Como una perla rueda un grito.

Le soir et les oiseaux — Une vibration d'encre. Rien qui bouge. La mangeoire seule se balance.

Les ombres et les oiseaux — Ce qui va et vient. Ce qui tremble. L'une ou l'autre? L'ombre qui devient l'oiseau ou l'oiseau son ombre ?

La nuit et les oiseaux — Elle tombe des arbres. Ils y montent, s'y cachent. De l'une aux autres un bruissement léger, aile ou feuillage ?

El anochecer y los pájaros — Una vibración de tinta. No se mueve nada. Sólo el comedero se balancea.

Las sombras y los pájaros — Lo que va y viene. Lo que tiembla. ¿Una u otra? ¿La sombra que se convierte en el pájaro o el pájaro en su sombra?

La noche y los pájaros — Cae de los árboles. Suben a ellos, en ellos se esconden. ¿De aquella a los demás un rumor ligero, ala u hojarasca?

L'aube et les oiseaux — Il y a comme une attente. Frisson d'encre sur la blancheur, jet vertical. Lueur ou bec ou goutte ou perle.

Le matin et les oiseaux sont un seul éblouissement. On ne les voit pas mais on les entend. Comme si la lumière chantait.

Le jour et les oiseaux — Surprise de lumière. L'herbe tremble avec les ailes. Quelque chose s'avance. On entend.

El amanecer y los pájaros — Hay como una espera. Temblor de tinta sobre la blancura, chorro vertical Destello o pico o gota o perla.

La mañana y los pájaros son un único deslumbramiento. No se los ve, pero se les oye. Como si cantase la luz.

El día y los pájaros — Sorpresa de luz. Tiembla la hierba con las alas. Algo se acerca. Oímos.

L'après-midi et les oiseaux — Tout est suspendu et tremble. Un insecte bourdonne. Aucun cri, aucun vol. Le ciel est trop bleu pour être vide.

Les cris et les oiseaux — On entend les uns on voit les autres. Ou inversement : cris volants, ailes sonores : un instant, ils ne sont plus qu'un.

La ville et les oiseaux — Ils crient dans les platanes, font tomber la nuit. Les lampes s'éclairent — on ne les entend plus. Elles s'éteignent — ils commencent le jour.

La tarde y los pájaros — Todo está en suspenso y tiembla. Zumba un insecto. Ningún grito, ningún vuelo. El cielo es demasiado azul para estar vacío.

Los gritos y los pájaros — Se oyen aquellos y se ve a estos. O al revés: gritos volantes, alas sonoras: por un instante no son sino un todo.

La ciudad y los pájaros — Gritan en los plátanos, hacen que caiga la noche. Se iluminan las farolas — ya no se les oye. Se apagan — empiezan el día.

L'arbre et les oiseaux — Qui de l'un ou des autres, remue et cligne. Qui monte, traverse le ciel ?

La pluie et les oiseaux — Tissage, chaîne et trame. Cris. Entre se fait le poème.

Les gouttes et les oiseaux — Tu dis : ils sont comme des gouttes. Ils tombent et quand ils montent, tu les vois tisser le jour.

El árbol y los pájaros — ¿Quién, aquel o estos, se mueve y parpadea? ¿Quién sube, cruza el cielo?

La lluvia y los pájaros — Tejedura, cadena y trama. Gritos. Entre, se hace el poema.

Las gotas y los pájaros — Dices: son como gotas. Caen y cuando ascienden, los ves tejer el día.

La brume et les oiseaux — On les cherche. On ne voit que le ciel contre l'herbe. On entend quelque chose — un silence mouillé.

La lumière et les oiseaux — Ailes et feuilles et l'obscur qui bouge — et l'éblouissement brutal d'une face de neige.

La montagne et les oiseaux — Elle vient, elle se retire. Elle flotte dans la blancheur. Des ailes passent, dessinent comme un visage.

La bruma y los pájaros — Los buscamos. Solo se ve el cielo contra la hierba. Oímos algo — un silencio empapado.

La luz y los pájaros — Alas y hojas y lo oscuro que se mueve — y el deslumbramiento brutal de un rostro de nieve.

La montaña y los pájaros — Viene, se retira. Flota en la blancura. Pasan unas alas, dibujan como un rostro.

La falaise et les oiseaux — Le bec jaune des choucas s'avance vers les yeux. La paroi monte, vertigineuse. On entend un cri.

La neige et les oiseaux — Le noir et le blanc. La danse immobile, le tournoiement fixe (Les mots se taisent).

Le vent et les oiseaux — Ce qui bouleverse. Le oui, le non. L'invisible dressé. Le jour, la nuit. Le tourbillon.

El acantilado y los pájaros — El pico amarillo de las chovas se adelanta hacia los ojos. La pared sube, vertiginosa. Se oye un grito.

La nieve y los pájaros — Lo negro y lo blanco. La danza inmóvil, el remolino fijo (Las palabras callan).

El viento y los pájaros — Lo que conmueve. El sí, el no. Lo invisible alzado. El día, la noche. El torbellino.

Les mains et les oiseaux se croisent, se touchent. Lâchent leurs ombres passantes. Les unes montent, les autres tombent.

Les doigts et les oiseaux — Dans la lumière, on les voit se rapprocher, se confondre — disparaître dans leur propre éclat.

Le cœur et les oiseaux — Il bat comme battent les ailes. Mais au milieu des cris, on ne l'entend pas. On n'entend que son silence.

Las manos y los pájaros se cruzan, se tocan. Sueltan sus sombras pasajeras. Suben aquellas, caen estos.

Los dedos y los pájaros — En la luz, se los ve acercarse, confundirse — desaparecer en su propio fulgor.

El corazón y los pájaros — Late como laten las alas. Pero en medio de los gritos, no se le oye. Solo se oye su silencio.

Le sommeil sans les oiseaux — On ne les voit plus. On a perdu les noms. Et les images sont d'autres images — immobiles.

La faim et les oiseaux — Elle rampe. Ils tournent. Les ailes dans la boue et dans le jour, les becs. Ils crient ensemble. On les entend toujours.

Le chat et les oiseaux — La fente de l'œil se referme. L'aile y passe à peine. N'en ressort pas.

El sueño sin los pájaros — Ya no se los ve. Hemos perdido los nombres. Y las imágenes son otras imágenes — inmóviles,

El hambre y los pájaros — Aquella repta. Estos giran. Las alas en el barro y en la luz los picos. Gritan a una. Se les sigue oyendo.

El gato y los pájaros — Se cierra la ranura del ojo. Apenas pasa por ella el ala. Ya no sale.

La mort et les oiseaux — Dans la gueule, la volée de plumes. Griffes et sang. Et l'œil fixe dans la pâle lumière.

La paix et les oiseaux — La connaissent-ils, piaillant au soir, criant au matin? Existe-t-elle pour leurs plumes, leurs griffes, leurs becs. A-t-elle jamais existé ?

Le temps et les oiseaux — Il les dessine. Il les efface — ils se confondent. Est-ce lui qui crie ? Sont-ils ce silence ?

La muerte y los pájaros — En las fauces, la bandada de plumas. Zarpas y sangre. Y el ojo fijo en la pálida luz.

La paz y los pájaros — ¿La conocen, cuando pían al atardecer, cuando gritan al alba? ¿Existe para sus plumas, sus zarpas, sus picos? ¿Ha existido alguna vez?

El tiempo y los pájaros — Los dibuja. Los borra — se confunden. ¿Es él quien grita? ¿Son ellos ese silencio?

Les oiseaux et les oiseaux — Le jet obscur, la chute claire. Les griffes, les becs, les noms : mésanges, moineaux, pinsons. Sitelles, geais, gros-becs — pics.

Le froid et les oiseaux — Grelot de gouttes et plumes. Les vols s'étirent sur le ciel bas. Les ombres crient.

La vie et les oiseaux — Elle attend. Suspendue devant la porte fermée. Ni plumes ni cris. Un peu de souffle arrêté.

Los pájaros y los pájaros — El chorro oscuro, la caída clara. Las zarpas, los picos, los nombres: paros, gorriones o pinzones. Trepadores, arrendajos, piñoneros — picos.

El frío y los pájaros — Tiritera de gotas y plumas. Los vuelos se alargan por el cielo bajo. Gritan las sombras.

La vida y los pájaros — Aguarda. En suspenso ante la puerta cerrada. Ni plumas ni gritos. Un poco de aliento contenido.

La cuisine et les oiseaux — Les ombres sur les casseroles et sur les plats. L'odeur des poireaux et du céleri tournante aussi. Une pincée de cris.

Le café et les oiseaux — L'éclat fiché miroitant dans le cercle nocturne. Becs et parfum. Lueur et cri.

Le téléphone et les oiseaux — Il sonne. Ils s'envolent. Allô! Allô! Est-ce leurs cris au bout de la ligne ?

La cocina y los pájaros — Las sombras en las cacerolas y las fuentes. Además, el olor envolvente de los puerros y del apio. Una pizca de gritos

El café y los pájaros — El fulgor plantado espejeante en el círculo nocturno. Picos y perfume. Destello y grito.

El teléfono y los pájaros — Suena. Se echan a volar. ¡Diga! ¡Diga! ¿Sus gritos al otro lado de la línea?

Le printemps et les oiseaux — Pétales, herbe, fleurs feuilles. Tout bouge. Les couleurs s'avivent. Du jaune au blanc, un trait d'encre rapide.

L'amour et les oiseaux et les yeux et les mains et tout ce qui tourne dans la lumière du matin.

L'été et les oiseaux — Qu'est-ce qui vibre dans les branches ? Le chaleur ou l'envol ? Les ailes sont un éblouissement bleu.

La primavera y los pájaros — Pétalos, hierba, flores, hojas. Todo se mueve. Se avivan los colores. Del amarillo al blanco, una raya de tinta rápida.

El amor y los pájaros y los ojos y las manos y todo lo que gira en la luz de la mañana.

El verano y los pájaros — ¿Qué vibra en las ramas? ¿El calor o el vuelo? Las alas son un deslumbramiento azul.

Les foins et les oiseaux — Pies et corneilles obscures dans l'éclat blanc des pailles. Leurs cris. Dans la beauté instantanée.

La mouche et les oiseaux — Bourdonnement, claquement d'ailes. Silencieux, le bec emporte l'étincelle.

L'orage et les oiseaux —Les ailes s'arrêtent dans la fumée. Les cris tournent. Il se fait un silence brutal.

La siega y los pájaros — Urracas y cornejas oscuras en el fulgor blanco de las pajas. Sus gritos. En la belleza instantánea.

La mosca y los pájaros — Zumbido, chasquido de alas. Silencioso, el pico se lleva la chispa.

La tormenta y los pájaros — Las alas se detienen en el humo. Giran los gritos. Se hace un silencio brutal.

L'arrosoir et les oiseaux — Seul, mi-ombre mi-soleil, attendant une main pour le prendre. Au milieu des becs invisibles, des cris.

Les cloches et les oiseaux — On ne les entend plus tant elles résonnent. On ne voit plus un instant sur le bleu que la trace à peine d'un vol.

Les bambous et les oiseaux — On n'entend qu'eux, le soir, entre les tiges verticales. Cris multipliés dans l'épaisseur nocturne. Aussi aigus que les feuilles.

La regadera y los pájaros — Sola, medio sombra medio sol, aguardando una mano que la tome. En medio de los picos invisibles, de los gritos.

Las campanas y los pájaros — No se las oye de tanto como resuenan. Ya no se ve por un instante en el azul más que la huella apenas de un vuelo.

Los bambúes y los pájaros — Solo se les oye a ellos, de noche, entre las cañas verticales. Gritos multiplicados en la espesura nocturna. Tan agudos como las hojas.

L'automne et les oiseaux — Que dit-il ? Il a des yeux d'oiseau. Il te regarde. Tu n'y vois que du feu.

Le crayon et les oiseaux bougent, se confondent sur la page. Lignes noires, taches, ratures, brisures. Mot écrits ? Corps et cris ?

Les mots et les oiseaux — Ils se croisent, se confondent. Qu'entend-t-on ? Des cris ? Des noms ? Le grand vacarme de la langue ?

El otoño y los pájaros — ¿Qué dice? Tiene ojos de ave. Te mira. Solo se ve el fuego.

El lápiz y los pájaros se mueven, se confunden en la página. Líneas negras, borrones, tachaduras, fisuras. ¿Palabras por escrito? ¿A grito pelado?

Las palabras y los pájaros — Se cruzan, se confunden. ¿Qué oímos? ¿Unos gritos? ¿Unos nombres? ¿El gran estruendo de la lengua?

Lire et les oiseaux — Les ailes tournent les pages. Les pages soufflent les ailes. Les mots s'envolent et les cris restent.

Les livres et les oiseaux — Le bruit des pages et les cris comme des lettres sur le blanc. Ciel ou page ou les deux. On entend et on ne voit pas. C'est le jour.

Le poème et les oiseaux — Qu'ont-ils d'autre en commun que le chant ? Roulades, envols et trilles. Rimes, envolées, trémolos. Et parfois, muette, la voix de l'inconnu.

Leer y los pájaros — Las alas vuelven las páginas. Las páginas soplan las alas. Las palabras alzan el vuelo y quedan los gritos.

Los libros y los pájaros — El ruido de las páginas y los gritos como letras sobre lo blanco. Cielo o páginas o las dos cosas. Oímos y no vemos. Es de día.

El poema y los pájaros — ¿Qué más tienen en común aparte del canto? Gorjeos, vuelos y trinos. Rimas, despegues, trémolos. Y a veces, muda, la voz de lo desconocido.

Les poètes et les oiseaux — Aussi nombreux les uns que les autres ils roucoulent tout autant. Quant au chant la prétention des uns n'égale que la virtuosité des autres.

Lucrèce et les oiseaux — Les atomes qui tombent dans le vide tissent une danse d'ombre et de lumière — une tapisserie où tournent griffes et becs.

Dante et les oiseaux — Les cris tournent devant la bouche obscure. Retiens ton pas, voyageur : tourne les yeux avec les ailes vers le ciel.

Los poetas y los pájaros — Tan numerosos unos como otros zurean por igual. En lo que hace al canto, solo puede compararse la pretensión de aquellos con el virtuosismo de estos.

Lucrecio y los pájaros — Los átomos que caen en el vacío tejen una danza de sombra y de luz — un tapiz en el que giran zarpas y picos.

Dante y los pájaros — Giran los gritos ante la boca oscura. Contén el paso, viajero: vuelve los ojos con las alas al cielo.

Montaigne et les oiseaux — En bandes criardes ils se dispersent. Comme toutes les images que nous sommes. Combien de fois ce n'est plus moi ? dit-il.

Don Quichotte et les oiseaux — Quels enchanteurs en ont tissé les ailes des moulins ? Et les font tourner ? Ecarte-toi, Sancho. Ma vaillance seule saura les vaincre.

Góngora et les oiseaux — Aigle ou faucon ? Eclair ou nuit obscure ? Lequel monte le plus haut pour fondre sur sa proie. Foudre de quelle plume ?

Montaigne y los pájaros — En bandadas chillonas se dispersan. Como todas las imágenes que somos. ¿Cuántas veces ya no es yo?, dice.

Don Quijote y los pájaros — ¿Qué encantadores han tejido las aspas de los molinos? ¿Y las hacen girar? Aparta, Sancho. Solo mi ánimo podrá vencerlos.

Góngora y los pájaros — ¿Águila o halcón? ¿Relámpago o noche oscura? ¿Cuál sube más alto para caer sobre su presa? ¿Rayo de qué pluma?

Balzac et les oiseaux — Son ombre les croise au matin quand revient le sommeil. Autant de pages couvertes d'écriture que de ciels traversés par leur vol.

Butor et les oiseaux — Ce nom d'oiseau les rapproche-t-il ? La montagne penche. Ailes et cris fusent de sa barbe. On les voit fuir. Le livre du monde se referme.

James Sacré et les oiseaux — En aurait-il pas trop vus dans l'enfance pour qu'ils habitent ses poèmes ? Mais invisibles, inaudibles. Comme à peine un peu d'air qui bouge.

Balzac y los pájaros — Su sombra se cruza con ellos al alba cuando vuelve el sueño. Tantas páginas cubiertas de escritura como cielos atravesados por su vuelo.

Butor y los pájaros — ¿Los acerca este apellido de pájaro? La montaña está en declive. Alas y gritos brotan de su barba. Se los ve darse a la fuga. Se cierra el libro del mundo.

James Sacré y los pájaros — ¿Habría visto demasiados en su infancia como para que habiten sus poemas? Pero invisibles, inaudibles. Tal que apenas un poco de aire que se mueve.

La peinture et les oiseaux — Tableau ou ciel ? Ou les deux ? Y retrouvent-ils leur image ? L'aile caresse, le pinceau vole.

Lascaux et les oiseaux — Aucun ne paraît sur la roche. Plus besoin d'ailes. Le ciel est couvert de cerfs et de bisons qui volent.

Van Gogh et les oiseaux — Étaient-ils l'image de la mort ? Ou portaient-ils dans leurs vols le soleil éblouissant des blés ?

La pintura y los pájaros — ¿Cuadro o cielo? ¿O las dos cosas? ¿Hallan ahí su imagen? El ala acaricia, vuela el pincel.

Lascaux y los pájaros — No aparece ninguno en la roca. No hacen falta alas. El cielo está cubierto de ciervos y bisontes que vuelan.

Van Gogh y los pájaros — ¿Eran la imagen de la muerte? ¿O llevaban en sus vuelos el sol deslumbrante de los trigos?

Klee et les oiseaux — Sont-ils jaunes ou blancs comme les anges. Leurs ailes s'ouvrent, mais sans visage. On les voit fuir en reculant vers le futur.

Alexandre Hollan et les oiseaux — On ne les voit ni dans l'épaisseur obscure ni dans le léger tramé des lignes. Mais dans la buée des feuillages est-ce leur absence vivante ?

Hitchcock et les oiseaux — Les aimait-ils ? Des rangées de corneilles guettent sur les branches. D'autres plongent criardes et noires vers nos yeux.

Klee y los pájaros — ¿Son amarillos o blancos como los ángeles? Sus alas se abren, pero sin rostro. Se los ve huir retrocediendo hacia el futuro.

Alexandre Hollan y los pájaros — No se los ve ni en la espesura sombría ni en el fino tramado de las líneas. ¿Está viva acaso su ausencia en el vaho del follaje?

Hitchcock y los pájaros — ¿Los quería? Unas hileras de cornejas acechan en las ramas. Otras se abalanzan chillonas y negras hacia nuestros ojos.

La musique et les oiseaux — Ils n'ont jamais cessé de tourner. De fuir et de revenir vers ce point où tout reste suspendu et où tout brille.

Bach et les oiseaux — Qui vole le plus haut ? Qui est le plus chanteur ? Plumes et notes, violons et trilles ne sont plus qu'une seule et même joie.

Mozart et les oiseaux — Innombrables comme les notes, ils se dispersent puis se réunissent en bandes serrées. Gaîté grave. Accord parfait.

La música y los pájaros — No han dejado nunca de girar. De huir y volver hacia ese punto en el que todo queda en suspenso y en el que todo brilla.

Bach y los pájaros — ¿Quién vuela más alto? ¿Quién es el más cantor? Plumas y notas, violines y trinos no son ya sino un solo y mismo gozo.

Mozart y los pájaros — Innumerables como las notas, se dispersan y luego se reúnen en densas bandadas. Alegría grave. Acorde perfecto.

Schumann et les oiseaux — On les voit doucement s'éloigner dans le soir, mélancoliques. Mais quel vol obscur et criard vient traverser les yeux ?

Mahler et les oiseaux — Frère Jacques, fredonne-t-il. Et c'est la danse des ailes et des vagues, les cris, les cuivres. Et c'est la mer — et c'est la mort.

Satie et les oiseaux — Le couchant se lève. On les voit voler à l'envers. Lui a la tendresse grinçante, la gaité triste. Il soulève son melon, cache son parapluie. L'aube se couche.

Schumann y los pájaros — Los vemos alejarse suavemente al atardecer, melancólicos. Pero ¿qué vuelo oscuro y chillón viene a atravesar los ojos?

Mahler y los pájaros — *Frère Jacques*, tararea. Y es la danza de las alas y de las olas, los gritos, los cobres. Y es el mar — y es la muerte.

Satie y los pájaros — Despunta el ocaso. Los vemos volar al revés. La ternura de él es mordaz, su alegría triste. Alza su bombín, esconde el paraguas. El alba se pone.

Ravel et les oiseaux — Ils sont partout. Ils sifflent, trillent, piaillent. Vents et cordes rivalisent d'éclat. Soudain l'orchestre n'est plus qu'un seul oiseau.

Mahalia Jackson et les oiseaux — Dieu ce qu'il a plu, dit-elle. Un vrai déluge. Et tous les oiseaux de la création sortent de sa voix.

Edith Piaf et les oiseaux — Comme eux, moineau des rues, sa voix déchire le soir. La môme, l'amour sont la même brûlure.

Ravel y los pájaros — Están en todas partes. Silban, trinan, pían. Vientos y cuerdas rivalizan en estruendo. De pronto la orquesta es un único pájaro.

Mahalia Jackson y los pájaros — Dios, cuánto ha llovido, dice. Un verdadero diluvio. Y salen de su voz todas las aves de la creación.

Piaf y los pájaros — Como ellos, gorrión callejero, su voz desgarra el anochecer. La chiquilla, el amor son la misma quemadura.

Brassens et les oiseaux — On les cherche dans ses chansons. Sont-ils restés dans sa guitare ? Ou dans le culot de sa pipe ?

Le tango et les oiseaux — Des gorges invisibles chantent. Une voix monte. Des corps et des ailes tournent. Triste et légère, une pensée se danse.

Di Sarli et les oiseaux — Rythme et mélodie mêlés dans la lenteur du même vol. Nuit luisante et bleue. Piano et cris, violons et trilles : voici venir le petit jour.

Brassens y los pájaros — Los buscamos en sus canciones. ¿Se han quedado en su guitarra? ¿O en el residuo de su pipa?

El tango y los pájaros — Cantan unas gargantas invisibles. Se alza una voz. Giran cuerpos y alas. Triste y liviano, se baila un pensamiento.

Di Sarli y los pájaros — Ritmo y melodía mezclados en la lentitud del mismo vuelo. Noche reluciente y azul. Piano y gritos, violines y trinos: despunta el amanecer.

Biaggi et les oiseaux — Mains sorcières. Doigts que fuient plumes et vols. Quelque chose passe — brille et casse — brille et casse — emporte les corps, deux pour un — un pour deux.

L'Europe et les oiseaux — Les uns se serrent et volent en bande. Les autres s'éparpillent et fuient. Ils parlent toutes les langues. Ils n'en parlent aucune.

Les amis et les oiseaux se ressemblent. Ils vont, ils viennent. Ils ont des mains serrées, des éclats de rire et d'ailes. Ils ont la vie.

Biagi y los pájaros — Manos brujas. Dedos que se escapan, plumas y vuelos. Algo pasa — brilla y arrasa — arrastra los cuerpos, dos para uno — uno para dos.

Europa y los pájaros — Unos se apretujan y vuelan en bandada. Los otros se dispersan y escapan. Hablan todas las lenguas. No hablan ninguna.

Los amigos y los pájaros se semejan. Van, vienen. Tienen manos que se dan, carcajadas y estruendo de alas. Tienen la vida.

La fatigue et les oiseaux — Derrière les paupières baissées, un tourbillon jaune. Mais si les yeux s'ouvrent, plus rien ne bouge qu'une vibration muette.

L'attente et les oiseaux — Une tige étincelle. On entend un cri, à peine. Quelque chose bouge. On attend.

La tristesse et les oiseaux — La connaissent-ils dans leurs cris et leurs vols ? Parfois, peut-être, quand d'un feuillage obscur, un chant roule comme une larme.

El cansancio y los pájaros — Tras los párpados bajados, un remolino amarillo. Pero si se abren los ojos, ya solo se mueve una vibración muda.

La espera y los pájaros — Brilla un tallo. Apenas si se oye un grito. Algo se mueve. Aguardamos.

La tristeza y los pájaros — ¿La conocen en sus gritos y sus vuelos? A veces, acaso, cuando de un follaje oscuro rueda un canto como una lágrima.

La solitude et les oiseaux — Noire sur la branche, une corneille. Qu'attend-t-elle ? Et la main posée immobile entre crépuscule et nuit ?

La misère et les oiseaux — Ils passent dans les yeux mais ils n'y restent pas. Ils ne sont que la trace sèche et noircie des larmes.

L'émigré et les oiseaux — J'ai faim, dit le carton. Près des doigts sales les pigeons picorent. Ils sautent au bord de la boîte aux pièces jaunes. Les yeux sont vides.

La soledad y los pájaros — Negra en la rama, una corneja. ¿A qué aguarda? ¿Y la mano posada inmóvil entre crepúsculo y noche?

La miseria y los pájaros — Pasan por los ojos pero no se quedan en ellos. Únicamente son la huella seca y ennegrecida de las lágrimas.

El emigrado y los pájaros — Tengo hambre, dice el letrero. Cerca de los dedos sucios picotean las palomas. Saltan al borde de la caja de las monedas. Vacíos están los ojos.

Les bombes et les oiseaux — Et les vols ? Et les ailes ? Et les becs ? Et les cris ? Seule la fumée, les murs éventrés, et la terre, et le sang.

La terreur et les oiseaux. Entre les ailes et le sang, qu'est-ce qui crie ? On voit ce qu'on ne veut pas voir. Et comment parler — comment se taire ?

Le sang et les oiseaux — Le fil de la lame et de l'aile. Une tache de ciel sur les doigts. L'envol soudain — hors de la plaie.

Las bombas y los pájaros — ¿Y los vuelos? ¿Y las alas? ¿Y los picos? ¿Y los gritos? Solo el humo, las paredes reventadas, y la tierra, y la sangre.

El terror y los pájaros — Entre las alas y la sangre, ¿qué es lo que grita? Se ve lo que no se quiere ver. ¿Y cómo hablar — cómo callarse?

La sangre y los pájaros — El filo de la hoja y del ala. Una mancha de cielo en los dedos. Repentino alzar el vuelo — desde la herida.

La torture et les oiseaux — Leurs cris se mêlent à d'autres cris. Les ailes à l'enfer qui, lui, existe. Et comment peuvent-ils coexister ?

La douleur et les oiseaux — L'image recule. La beauté s'éloigne avec des vols noirs. La main saigne, laisse son sang au bord du soir.

La peur et les oiseaux — Zigzags, tournoiements, fuite éperdue. Elle est là, partout. Gravats, fumée, poussière, cris. Les mains sont moites. Les ailes claquent.

La tortura y los pájaros — Sus gritos se mezclan con otros gritos. Las alas con el infierno que, sí, existe. ¿Y cómo pueden coexistir?

El dolor y los pájaros — La imagen retrocede. La belleza se aleja con vuelos negros. La mano sangra, deja su sangre al borde de la noche.

El miedo y los pájaros — Zigzags, remolinos, huida desesperada. Está ahí, en todas partes. Escombros, humo, polvo, gritos. Las manos sudan. Restallan las alas.

La mort et les oiseaux II — On ne la voit pas en face. Seul le noir des ailes tournant dans la lumière crue.

La vie et les oiseaux II — On ne les voit pas, on les entend. Comme sur la vitre on voit le vent sans l'entendre. Comme on n'entend ni ne voit la vie.

Maintenant et les oiseaux — Ils ne sont plus là, mais voilà qu'on les entend soudain. Un bruissement, un glous-sement. C'est maintenant.

La muerte y los pájaros II — No se la ve de frente. Solo lo negro de las alas que giran en la luz viva.

La vida y los pájaros II — No se los ve. Se les oye. Lo mismo que en el cristal se ve el viento sin oírlo. Como no oímos ni vemos la vida.

Ahora y los pájaros — Ya no están ahí, pero de repente se les oye. Un susurro, un cloqueo. Es ahora.

Le bonheur et les oiseaux vont ensemble. Ils ont l'air léger et l'éclat de l'instant. Ils ont des mains comme des ailes, des ailes comme des mains.

L'absence et les oiseaux — Ils en sont l'image. On les voit, on ne les voit plus. Reste la trace d'un vol — le regard vide.

Le vide et les oiseaux se traversent, se confondent. Ils le creusent de leurs flèches innombrables. Il les porte, les emporte — il les efface.

La dicha y los pájaros van juntos. Tienen el aire ligero y el fulgor del instante. Tienen manos como alas, alas como manos.

La ausencia y los pájaros — Son su imagen. Ahora los vemos, ahora no los vemos. Queda la huella de un vuelo — la mirada vacante.

El vacío y los pájaros se atraviesan, se confunden. Lo ahondan con sus flechas innumerables. Él los lleva, los arrastra — los borra.

La beauté et les oiseaux — Elle vient sur les ailes et vous déchire. Ils entrent dans la lumière. Ils la traversent. Ils deviennent son visage.

L'image et les oiseaux — Ils la traversent. Tu n'y entres pas. Entre herbe et lumière tu ne vois plus qu'une ombre.

Le réel et les oiseaux — Les noms se dispersent dans un grand envol de cris. Ne reste — lumière obscure et sans limites — que ce qu'on ne peut plus dire.

La belleza y los pájaros — Viene sobre las alas y los desgarra. Entran en la luz. La atraviesan. Se convierten en su rostro.

La imagen y los pájaros — La atraviesan. Tú no entras en ella. Entre hierba y luz, no ves más que una sombra.

Lo real y los pájaros — Se dispersan los nombres en una gran algarabía. Queda solo — luz oscura y sin límites — lo que ya no se puede decir.

OBRAS DE JACQUES ANCET
TRADUCIDAS AL ESPAÑOL

La habitación vacía, taller de traducción literaria, Tenerife, 1996.

Se busca a alguien, trad. Amelia Gamoneda, Sibila, Sevilla, 2002.

Bajo la montaña, trad. Rafael-José Díaz, Bartelby, Madrid, 2005.

La quemadura, trad. Amelia Gamoneda, Cálamo/Poesía, Palencia, 2008.

Puesto que es este silencio, trad. de Joséphine Cabello y Régulo Hernández, Salto de página, S.L., Madrid 2013.

Retrato de una sombra, trad. Cristina Madero, Alción, Córdoba Argentina 2013.

Las cenizas y la luz (milonga para Juan Gelman), trad., Rodolfo Alonso, Alción, Córdoba, Argentina 2014.

Ocho veces el día, trad. Cristina Madero y Paulina Vinderman, Devenir, Madrid, 2021.

TABLE

ÍNDICE